Labourey.

A MM. Les Députés
Des Départements

Te 151
1110
bis

A MESSIEURS

LES HONORABLES DÉPUTÉS

DES DÉPARTEMENS,

A PARIS.

Messieurs,

« Le sieur Labourey, Chimiste, habitant à St-Geniez, près
« Marseille, demande le rapport du décret du 18 août 1810,
« concernant les remèdes secrets, et *constituant à lui seul*
« *toute la législation qui régit les découvertes médicales*, pour
« qu'il soit légalement substitué à cet acte arbitraire, irrégulier,
« despotique, une loi qui remplisse l'objet de sa promulgation
« et qui soit en harmonie avec la Charte. »

Le Pétitionnaire est intéressé à ce changement de législation, d'abord en tant que
citoyen français soumis aux lois existantes, ensuite parce qu'il est inventeur et propriétaire
d'une *médecine qui promet à la science et à l'humanité des résultats qu'aucun autre*

moyen connu ne peut donner, et qui sont, pour la société, de la plus grande importance. Ces précieux résultats sont garantis par des milliers de cures successives, et fortifiés par plus de 25 ans d'expériences. Il manque une loi constitutionnelle appropriée à l'objet qu'il s'agit de régler, qui établisse la législation générale des découvertes médicales sur ses véritables bases, et qui autorise, non par une mesure particulière, l'exploitation de cette heureuse découverte, selon que l'humanité a le droit de l'exiger, pour qu'elle lui profite lorsqu'elle aura été légalement reconnue utile. Du reste, le sieur Labourey est tellement assuré du succès de ses travaux, qu'il propose au Gouvernement de faire à ses propres frais l'essai de ses remèdes sous la surveillance de commissaires spéciaux et désintéressés, à la condition que si le résultat de cet essai venait à le convaincre d'imposture, il fût passible d'informations et condamnations judiciaires.

Ces divers motifs, dépouillés de ce qu'ils ont de personnel au sieur Labourey, établissent la nécessité de réformer les lois existantes. Cette législation s'applique à l'usage commun; si elle est vicieuse, elle blesse les intérêts de la société : il importe donc de vérifier le doute. Quant à *la qualité spéciale du Pétitionnaire*, elle ne particularise l'objet que pour rendre plus pressante l'opportunité de l'amendement qu'il propose et réclame, puisque cette qualité, dans l'hypothèse qui attaque le décret de 1810 et qui sollicite sa révision, *implique actuellement l'application d'une loi nuisible au pays*, en ce sens positif que si les lois en vigueur ne sont pas purgées de leur irrégularité et de leur despotisme, la découverte du sieur Labourey sera perdue pour la société.

Enfin le Pétitionnaire observe qu'avant de recourir au pouvoir législatif, il a tenté toutes les voies légales que l'Administration semblait lui fournir; mais aucune n'a favorisé la justice de ses démarches, le pouvoir exécutif étant dominé par une législation vicieuse.

A l'appui de sa demande le requérant fournit dans un imprimé intitulé : *Développemens, Observations et Faits*, tous les documens que comporte son affaire et que sa pétition exige.

Daigne la Chambre Élective agréer l'hommage de la découverte philantropique que le sieur Labourey est fier de pouvoir présenter à la France.

Saint-Geniez, le 12 juillet 1831.

Labourey, Chimiste,

Lequel élit domicile à Paris, chez M. VINCENT, son beau-frère, rue de Bourgogne, n. 40.

TABLEAU SYNOPTIQUE

DES QUESTIONS DÉVELOPPÉES CI-APRÈS.

DÉVELOPPEMENS, OBSERVATIONS ET FAITS

A L'APPUI DE LA DEMANDE

DU SIEUR LABOUREY,

TENDANTE A UN CHANGEMENT DE LÉGISLATION

RELATIVEMENT AUX DÉCOUVERTES MÉDICALES.

———————✦◦◦◦◦✦———————

Question principale et de Droit.

Le Décret du 18 août 1810, concernant les remèdes secrets et constituant à lui seul toute la législation des Découvertes Médicales, *ne remplit pas l'objet de sa promulgation*; il est nuisible au pays et opposé à la Constitution du Royaume.

Analyse sommaire du Décret.

Le Décret de 1810 reconnaît avant tout la possibilité et l'utilité des découvertes médicales. Il vote des encouragemens à cette précieuse industrie; il veut qu'elle profite à la société en y intéressant l'inventeur; *mais les moyens qu'il choisit n'assurent pas l'objet qu'il se propose. En outre, ces moyens impliquent irrégularité dans la législation.*

En second lieu, le décret prévoit le cas où un individu, contraint par la force de l'opinion dominante à poursuivre en son particulier le besoin de redresser ou d'agrandir des idées reçues, aurait en effet réussi dans son isolement à vérifier ses doutes et à découvrir l'objet faussement contesté de ses recherches. Sur cette pensée le législateur entreprend de faire rentrer dans le domaine commun des connaissances humaines toutes les inventions que cette voie féconde peut fournir au profit de la société. Or, pour atteindre son but, le décret adopte un système dont *le vice premier ou intrinsèque est d'être trop général, et dont la défectuosité secondaire est que son application dépend sans nécessité d'une autorité exceptionnelle.*

PREUVES.

§ Ier. MOYENS que le Décret choisit pour atteindre son but, et DÉFECTUOSITÉ de ces moyens.

DISPOSITION.

1° Point de débit d'un remède non approuvé ; mais pour obtenir l'autorisation, il faut présenter des expériences faites. (Titre 1er, art. 1 et 2.)

2° L'inventeur, en demandant l'approbation, livrera son secret à la discrétion d'une Commission Médicale. (Tit. 1er, art. 2 et 3.)

3° Une Commission Médicale et au besoin une seconde de révision (depuis, une Ordonnance royale en charge uniquement et définitivement l'Académie de Médecine de Paris, ainsi pas de révision) examinera *seule* le remède nouveau ; elle décidera en dernier ressort (d'après les preuves qu'elle aura bien voulu choisir, sans que ces preuves ni leurs résultats soient légalement, authentiquement et constitutionnellement constatés) sur les vertus du remède ; elle indiquera quel est le prix qu'il convient de payer, pour son secret, à l'inventeur d'un remède reconnu utile. (Ce prix ne sera jamais fixé trop haut, soit que les médecins agissent comme citoyens imposés en proportion des charges de l'état, soit qu'ils se considèrent comme intéressés à prévenir toute concurrence incommode.) (Tit. 1er, art. 3 et 4.)

4° D'après le compte qui lui sera rendu par chaque commission et après avoir entendu les parties, le Ministre de l'Intérieur fera un rapport au chef du gouvernement. Celui-ci donnera ses ordres sur la somme à accorder à chaque inventeur ou propriétaire. (Tit. 1er, art. 5.)

CRITIQUE.

1° Moins de précipitation et plus de sagesse auraient vu dans cette double proposition le vice de son indéfinie universalité ; alors des restrictions convenables eussent prévenu la contradiction qu'elle présente.

2° Quelles garanties restent à l'inventeur et à la société ?

3° Pourquoi cet examen ne serait-il pas vérifié par, ou plutôt, ne serait-il pas fait en présence d'une autorité désintéressée ? C'est un principe de science avoué, que l'impossibilité où est la chimie de pénétrer les propriétés d'une composition autrement que par le résultat de l'expérience. Pour reconnaître les vertus d'un produit pharmaceutique, il ne suffit pas de savoir quels élémens concourent à sa formation, il faut saisir quels sont les rapports qui rendent concurrens et harmoniques ce produit et l'économie animale ; or ces rapports ne sont point des êtres formellement contenus ni dans le composé, ni dans les élémens constitutifs, ni dans le corps humain, considérés isolément : ce sont des relations virtuelles, de simples possibles ; comme tout autre capacité productrice, l'homme peut les atteindre, non par l'analyse, mais seulement par les résultats de l'expérience. Or, puisque l'évidence des faits est également à la portée de tous les regards, pourquoi cette expérience ne serait-elle pas constitutionnelle, nationale ?

4° Pourquoi l'inventeur n'aurait-il pas la faculté de recourir aux Chambres ? Cette mesure peut-elle avoir quelque inconvénient? ne serait-elle pas constitutionnelle ? Est-ce au pouvoir exécutif de voter le budget? pourquoi donc laisser le trésor public à sa disposition absolue ? Les Chambres ne sauraient trouver, dans le rapport d'une commission investic

DISPOSITION.

5° Alors le Ministre imposera un traité à l'inventeur. (Tit. 1ᵉʳ , art. 6.)

6° Le remède sera publié aussitôt après l'homologation du traité. (Tit. 1ᵉʳ , art. 6.)

CRITIQUE.

par la volonté du chef de l'état d'une judicature affranchie de toutes les formalités voulues par la constitution et jugeant dans le sens d'un acte propre au chef du gouvernement, les garanties légales pour admettre dans le budget des sommes prétendues affectées à l'achat de remèdes *nouveaux et utiles*.

5° Quelles limites la loi trace-t-elle au Ministre ? quelle force donne-t-elle à l'inventeur pour résister et échapper au despotisme du Ministre ? Si la loi ne vient au secours de l'inventeur, qu'elle prenne au moins les intérêts de la société, afin que les découvertes ne soient pas perdues.

6° Cette publication précipitée, *établie en règle générale et absolue*, expose aux plus grands dangers les plus précieuses découvertes. En effet :

Primo. L'exploitation des découvertes sera livrée à des tiers qui ne la connaissant que par transmission et peu intéressés à la maintenir (peut-être même intéressés à la détruire), seront exposés à la falsifier (ou la falsifieront, sans que l'inventeur ni la société aient des moyens d'arrêter les suites de cet état de choses.)

Secundo. Qui assure l'usage ou l'emploi du remède lorsqu'il aura été confiné dans les pharmacies sans pouvoir en sortir que sur l'ordonnance d'un médecin ? L'état aura donc acheté l'agrandissement du capital pharmaceutique sans que cette onéreuse augmentation profite au pays. N'y aurait-il pas des moyens de prévenir ou de diminuer les inconvéniens de ce système trop général ?

Tertio. D'un seul mot les Médecins tueront aisément les meilleures découvertes, ce qu'ils ne pourraient faire si les inventeurs étaient chargés par l'autorité, et pendant un laps de temps convenable, d'exploiter sous la protection des lois leur propre découverte. Cette manière de procéder procurerait à l'inventeur la récompense méritée sans grever l'état, ni exposer le trésor, soit à des dilapidations, soit à des achats onéreux et sans utilité ; d'ailleurs elle fournirait une preuve authentique en faveur de la découverte à qui elle donnerait une existence éternelle, au profit de la société qui serait complètement assurée de ses vertus.

§ II. Des garanties qu'offrent les Médecins dans les Questions des Découvertes.

Sans rechercher jusqu'à quel point est respectable, sous certains rapports, un principe d'exceptions, s'il est faux en lui-même, c'est-à-dire dangereux, il doit être rejeté, parce que, dans l'application, la probité, la vertu ne peuvent lui prêter qu'une assistance éphémère, surtout dans les matières liées à l'intérêt, à l'amour-propre et à toutes les faiblesses de l'humanité ; agir autrement, ce serait méconnaître le cœur humain et lui demander l'impossible, ce serait annuler la loi fondamentale de l'état et dénaturer son esprit.

Mais reprenons la pensée et dévoilons-la tout entière. Il peut exister des circonstances dans lesquelles l'intérêt des Médecins demande qu'on ne propage pas de bons remèdes qui diminueraient peut-être l'ascendant qu'ils ont obtenu sur la société, en affaiblissant la source de leurs richesses.

Sans doute la question de probité pourrait dans beaucoup de cas n'en être pas une ; cependant comme elle peut devenir, même sous un gouvernement idolâtre de préjugés, la question principale, eu égard à une foule de circonstances, elle doit être décidée dans le sens général. Ainsi, il est indubitable que toute découverte utile à l'art de guérir, c'est-à-dire utile à la profession médicale, telle qu'elle se trouve constituée aujourd'hui, rencontrera toujours dans les Médecins des juges prêts à l'accueillir par une sentence favorable. Mais l'intégrité du Jury Médical est-elle également assurée en faveur d'une découverte qui dévoilerait les défectuosités de ce qu'on appelle, peut-être d'une manière *trop absolue*, *l'art médical ;* qui donnerait un moyen simple, facile, efficace, de guérir les maux de l'humanité presque sans l'assistance des enfans d'Esculape, de façon qu'en général chacun pût se débarrasser de ses infirmités, à peu près, sans aucun secours étranger ? Nous opposons ici à des probabilités morales que l'on fait valoir contre nous, des motifs de même nature. Si les uns et les autres sont pesés, on ne nous accusera pas d'exa-

gération ; on ne dira point que nous violons les lois de l'induction et des conjectures, parce que nous révoquons en doute, dans ce cas, la probité du Jury Médical, parce que nous regardons comme certain que la commission saisie du sort d'une pareille découverte, céderait à l'esprit de corps et à l'influence déterminante des considérations personnelles que suggère, soit l'exercice d'une profession lucrative, mais chancelante, soit l'amour-propre attaché à la continuation d'un rôle important, long-temps joué avec succès, soit enfin les menaces exprimées par d'autres intérêts soulevés dans l'attente d'un arrêt décisif qui doit fixer pour toujours leur revers ou leur triomphe.

Personne, sans doute, ne nous reprochera de nous fonder sur une possibilité chimérique. On sait aujourd'hui en quoi consistent les ressources de l'art le plus précieux de tous : le domaine palliatif des incurables et cette immense quantité de malades qui existent en tout lieu et presque dans toutes les familles et qu'on ne peut plus guérir, constituent un *fait* qui, plus que toutes les dissertations, démontre la réalité de cette possibilité que nous invoquons avec une si grande assurance. La médecine n'aurait-elle donc pas plus de puissance pour atteindre son but que ce qu'elle en a, si elle était en effet ce que la nature veut qu'elle soit ? Et comment croire qu'elle est ce qu'elle doit être : si une contagion se déclare, MM. les Docteurs ne sont-ils pas réduits *à étudier le mal ?*

La vivacité de notre poursuite, la force de notre droit, arracheront peut-être ici un aveu à nos adversaires. La seule arme qu'il leur reste à nous opposer, c'est de prétendre que précisément pour rendre nulle la possibilité d'une pareille invention, le législateur qui la prévoyait et qui en calculait tous les effets relativement à la profession médicale, a livré l'examen de toutes les découvertes au corps essentiellement intéressé à détruire celle-ci, si jamais elle apparaissait. Observons d'abord que l'objection justifie pleinement notre réclamation quant à l'absolutisme accordé à la faculté médicale. Elle nous donne aussi un nouveau motif de croire qu'un jour se réalisera cette précieuse possibilité. Quant à son but, cette déclaration nous oblige de demander à nos antagonistes, *si les intérêts d'une corporation doivent l'emporter sur ceux de la société tout entière ?* Car, qu'on le remarque bien, il ne s'agit pas ici de cumul ; l'objet direct de la question, puisqu'on veut que c'en soit encore une, c'est le maintien des plus essentielles conditions dont dépendent l'existence et le bien-être de la société. En effet, si les Médecins remplissaient le but naturel de leur état, quelle que fût leur exigence vis-à-vis de ceux qui réclameraient leur ministère, ils devraient être protégés de toute la force publique, contre l'innovation qui ne tendrait qu'à renverser l'ordre établi, sans procurer une utilité suffisante pour la justifier. Si, au contraire, une découverte médicale apportait à la société, non pas seulement les avantages secondaires dont elle peut se passer, mais bien ces avantages indispensables que rien ne saurait remplacer, la santé sans altération, la guérison sans incertitude, sans danger, sans souffrance, la vie sans autre fin que le terme adhérent à l'être créé, un semblable trésor devrait-il être repoussé, lors même qu'il blesserait des intérêts particuliers très-étendus ?

Il est cependant bon d'observer que les intérêts particuliers ne seraient pas, dans le cas qui nous occupe, aussi blessés qu'on semble se le figurer. D'abord ils profiteraient eux-mêmes largement de la découverte, puisque l'expérience de tous les jours nous montre qu'aussitôt qu'un Docteur tombe malade, l'incertitude de sa propre science le fait recourir à son collègue, dans l'espérance que chez lui, elle sera peut-être plus réelle. En second lieu, il est incontestable que la profession médicale ne serait point absolument détruite, parce qu'elle serait ramenée à sa destination primitive. Ainsi, lorsque les médecins auraient fait une étude particulière de l'application de cette inestimable découverte, ils pourraient l'administrer avec succès et avantage, puisqu'en général le malade préfère se confier à une main habile.

Encore une fois, on ne nous taxera pas d'exagération, parce qu'en résumant cette dernière partie nous faisons remarquer, que l'opiniâtreté avec laquelle nos adversaires soutiennent l'absolutisme que l'inconstitutionnel décret du 18 août 1810 accorde despotiquement à la commission médicale, suppose une arrière-pensée qui doit être éclaircie dans le sens précis et absolu de notre loi politique.

Ainsi, en vain dira-t-on que les membres de la commission sont choisis parmi des hommes que la fortune, la réputation et la probité placent au-dessus de l'intérêt, la Charte d'un ton décisif répond qu'elle ne veut point de ces pouvoirs dont l'intégrité n'est démontrée que par des probabilités morales, par de simples soupçons hypothétiques que rien ne saurait changer en garanties absolues, puisqu'ils laissent exister la plus complète possibilité des abus et de l'injustice. L'expérience d'ailleurs n'a-t-elle pas montré assez combien en effet est imposant et respectable cet auguste préjugé qui substituait jadis les présomptions morales aux garanties réelles et obligatoires que l'ordre présent des choses exige ? Qu'on s'intrigue tant qu'on le voudra, la seule objection possible contre cette demande en garantie est celle qui serait proposée par la partie intéressée à la fraude et qui revendiquerait la brutale faculté de l'arbitraire. L'honnête homme ne se récrie pas contre la prévoyance de la loi qui assure son exécution et se préserve de toute influence inique. Cette objection lui donnerait au contraire la plus grande force : elle montrerait plus évidemment la nécessité de ne point livrer aveuglément l'exécution de la loi à un pouvoir qui manifeste l'intention formelle de frauder ses attributions. Il n'est point de personnalité moins offensante pour la vertu que celle qui lui réclame, par une mesure commune à tous les citoyens, des garanties réelles de fidélité au mandat public que la loi et la nation lui confient. D'ailleurs, encore une fois, la Charte est là : elle est infaillible ; son texte peut varier, mais son esprit est immuable. Il reste donc constant que l'exactitude et la sévérité constitutionnelles s'opposent expressément à ce que l'examen des découvertes médicales soit livré, sans réserve, aux médecins.

§ III. De l'examen des Découvertes.

C'est une mesure essentielle d'ordre public, que la loi, avant d'autoriser l'exploitation publique des découvertes médicales, les soumette à un examen qui fasse connaître leurs propriétés, de telle sorte que leur mérite puisse être garanti à la nation.

Or, la question est de savoir qui doit et qui peut effectuer cet examen?

Observons d'abord que pour régler cet article important, le décret de 1810 tombe dans d'étranges contradictions, qu'il fait violence à la science, qu'il consacre le plus odieux absolutisme et sanctionne en un sens très-vrai un énorme abus de puissance; le tout au détriment de la société, et lorsqu'il pourrait très-bien établir une législation régulière et appropriée à l'objet.

D'une part le décret institue juges uniques des découvertes médicales les médecins qui sont essentiellement intéressés à détruire les inventions. (Voyez § II.) Il suppose donc que pour reconnaître les propriétés d'une découverte médicale il faut avoir des connaissances spéciales différentes de la capacité ordinaire et commune du citoyen; et que les médecins seuls ont ces connaissances; toutefois il dit bientôt tout le contraire dans la même disposition : ceci va être développé et justifié.

D'autre part, il prescrit à l'inventeur de se dessaisir du secret de sa recette et de la livrer à la discrétion de la Commission médicale, pour que, par cette pièce, les médecins puissent juger le remède nouveau. Ainsi il déclare les médecins incapables de pouvoir, par analyse, apprécier un remède jusqu'au connu de l'inventeur seulement; mais il veut qu'en sachant quels matériaux concourent à la formation d'un produit chimique, les médecins voient, devinent, sachent toutes les propriétés que ces matériaux acquièrent et possèdent dans l'acte et le fait de la composition particulière qui constitue ce produit.

L'aberration est évidente.

C'est un axiome de la science, que juger d'un produit chimique par les matériaux qui entrent comme agens dans ce produit, en considérant ces matériaux dans leur état d'isolement ou de décomposition, c'est aussi absurde que de prétendre trouver une phrase dans les lettres qui servent à son expression écrite.

Mais il importe de dévoiler davantage la fausseté de cette erreur : il faut aussi justifier toutes les assertions précédentes.

Admettons l'hypothèse du décret de 1810 et supposons les médecins saisis de la recette d'un remède nouveau. Ils ne peuvent parvenir à connaître ses propriétés que de trois manières :

1° Procéder par une méthode rigoureuse, comme en mathématiques; appliquer certaines formules fixes, invariables, etc.

2° Connaître par l'expérience faite et constituant le domaine de la science médicale, tous les effets résultant de la combinaison des principes premiers.

3° Tenter actuellement par des expériences de découvrir les résultats de la combinaison indiquée dans la recette de l'inventeur.

RÉPONSES. — 1° La médecine n'est point une science exacte, elle n'est pas capable d'opérer par des méthodes rigoureuses et infaillibles, par des formules générales propres à trouver l'inconnu dans le connu, c'est-à-dire, les propriétés d'un composé dans ses élémens. La puissance des combinaisons chimiques est un vaste problème, c'est un système tout entier, mais système énigmatique qu'il est absolument impossible de ramener à une solution formulée, invariable, constante. L'analyse chimique est un acte de décomposition, et toute décomposition chimique dénature les substances qui en sont l'objet.

Entre autres Buffon dit : (tome 1ᵉʳ, *Introduction à l'Histoire des Minéraux*, 1ᵉʳ partie, page) « Une matière soumise à une action chimique n'est plus la substance que l'on voudrait connaître, mais une matière toute différente. Si l'une est simple, l'autre est composée et mélangée, c'est-à-dire dénaturée et changée. »

L'analyse en chimie, effet de la loi des affinités, décompose les corps en désunissant les élémens dont l'intime combinaison formait leur nature ; elle découvre les substances qui entrent comme élémens dans la composition de ces corps, mais ne fait point connaître les propriétés qui résultent de leur combinaison ; ces propriétés sont la combinaison elle-même et la nature intime du composé que l'analyse détruit. Pour que l'analyse chimique pût faire connaître les propriétés d'un composé, il faudrait qu'elle fût un moyen de prendre la nature sur le fait, d'atteindre intuitivement ce composé dans le fait de sa composition ; or, l'analyse n'est qu'un moyen de décomposition.

2° Il devrait donc exister dans le domaine des sciences médicales *le tableau de toutes les recettes possibles* ; alors juger un remède *nouveau*, ce serait confronter la recette *nouvelle* avec les recettes connues ; mais dans ce cas les médecins ne seraient pas les seuls juges naturels, un jury capable de lire la recette de l'inventeur et la table de toutes les recettes possibles suffirait, et le jugement serait constitutionnel. Enfin, dans ce cas, des découvertes seraient-elles possibles, puisque toutes les re-

cettes possibles seraient connues ? Or, cette table de recettes n'existe pas ; c'est un fait aisé à vérifier. Si les Médecins ont cette table, qu'ils la montrent. En second lieu, il est impossible que cette table existe jamais. L'homme pourra-t-il parvenir un jour à épuiser la puissance des combinaisons des principes premiers ? On ne connaît jusqu'ici que cinquante-une substances simples, plus les corps impondérables. L'indéfinie fécondité de la possibilité des compositions élève ce nombre cinquante-un à une puissance moralement incommensurable, et chacune de ces compositions premières donne lieu à de nouvelles compositions, et cela jusqu'à un point que l'imagination ne saurait saisir.

3° Il résulte évidemment des deux réponses précédentes que, pour juger un remède nouveau, les médecins n'ont aucun moyen particulier au-dessus de la portée et de la capacité ordinaire du citoyen, et qu'ils ne peuvent en reconnaître les propriétés que par l'expérience actuelle ; mais l'expérience actuelle n'est que la vérification de faits matériels, savoir, la guérison d'un malade, et l'évidence de ces faits est à la portée de tous les regards. Il est donc conforme à la science et à la Charte que l'expérience d'un remède se fasse en présence de commissaires spéciaux pris dans tous les rangs de la société.

§ IV. Le Décret de 1810 implique irrégularité dans la législation.

L'organisation civile de la médecine doit comprendre dans une de ses branches une section dont les attributions essentielles sont de s'appliquer uniquement et constamment, puisque le cumul de fonctions contradictoires est toujours mauvais, aux recherches et investigations, à l'effet d'enrichir le pays des ressources que la nature a déposées dans la puissance inépuisable des découvertes, et une autre section séparée, indépendante, spécialement chargée, dans des limites étroites, positives et à l'abri des influences passionnées de l'individu, de constater les qualités formellement requises par la loi pour l'admission des découvertes ; alors le cas particulier d'un individu étranger au corps médical

et auteur d'une découverte, cas que le décret de 1810 a en vue, se trouve compris dans la généralité de la loi fondamentale des découvertes ; la question n'est plus que de l'y faire rentrer.

Or, en fait, cette loi première n'existe pas ; contrairement à la pensée qu'il annonce, contrairement à l'organisation essentielle que doit avoir dans l'état l'exercice de l'art de guérir, le décret de 1810 crée lui-même le mode d'examen des découvertes, fixe leur sort, constitue à lui seul toute la législation des découvertes médicales, et il fait tout cela d'une manière nuisible à la société, lorsque au contraire il serait si facile de garantir ses intérêts.

§ V. Le Décret du 18 août 1810 a été arbitrairement interprété par l'Autorité exceptionnelle, chargée souverainement de son application.

Ce décret dit (art. 6) : que tous les remèdes reconnus utiles seront achetés et payés aux propriétaires, et le secret de leur composition divulgué sans délai.

Ainsi, dans l'état actuel de la législation, tous les autres remèdes sont prohibés, comme onéreux ou nuisibles à la société, sans que personne puisse obtenir ni donner de permission. La question relative à l'exploitation publique des découvertes légalement reconnues utiles étant traitée au § Ier, article 6, nous ne nous occupons ici que de l'incompétence morale de l'autorité chargée de l'application du décret de 1810. Or, malgré ces dispositions précises et formelles du décret, journellement on publie et préconise des remèdes secrets qui ont été permis, sans que les formules et compositions aient été divulguées. Ces faits dénotent une interprétation arbitraire et illégale de la loi; et cette interprétation démontre évidemment que l'autorité abuse des attributions qui lui sont confiées; elle justifie les réclamations du pétitionnaire contre la souveraine puissance judiciaire attribuée aux médecins dans les questions des découvertes médicales.

§ VI. Le sieur Labourey n'a eu recours au pouvoir législatif qu'après avoir épuisé les voies administratives.

Le 6 septembre 1827 le sieur Labourey fit à M. le Préfet des Bouches-du-Rhône l'offre de fournir gratuitement deux cents doses de ses remèdes, pour qu'elles fussent livrées aux indigens dans les communes du département qu'affligeaient alors des maladies endémiques.

Le 24 novembre même année, il s'adressa directement au Ministre de l'intérieur, témoignant le désir que le secret fût gardé sur ses formules et compositions, ne voulant pas se dessaisir encore de leur propriété, et il reçut, par les intermédiaires successifs de M. le Préfet, M. le Maire et le Commissaire de police, la réponse ministérielle conçue en ces termes : *Le sieur Labourey ne doit rien craindre pour le secret de ses formules, qui seront transmises à l'Académie sous l'enveloppe cachetée dans laquelle il en fera l'envoi au Ministre.* Cette réponse ne donnant aucune garantie au pétitionnaire pour le secret de ses formules, après l'examen de l'Académie, il supplia de nouveau le Ministre de lui donner l'assurance que ses compositions ne seraient pas divulguées, quel que fût l'avis de la Commission; et vers la fin d'avril 1828, on lui transmit, par les mêmes intermédiaires, la décision suivante : *Puisque le sieur Labourey ne veut pas que ses compositions soient rendues publiques, il est inutile de les faire examiner par l'Académie de Médecine.*

Le 8 septembre 1830, il renouvela au Préfet des Bouches-du-Rhône l'offre qu'il avait faite en 1827.

Le 23 du même mois, il offrit au même Préfet de de traiter à ses frais trente militaires pris parmi ceux qui étaient revenus malades d'Alger et qui se trouvaient dans le Lazaret de Marseille.

Le 26 du même mois de septembre 1830, il présenta à MM. les Ministres de la guerre et de l'intérieur les offres ci-dessus relatives aux soldats revenus malades d'Alger, et aux fiévreux des communes des trois cantons du département des Bouches-du-Rhône.

Toutes ces démarches ont été vaines. Les avantages immenses que devaient procurer à l'humanité et à la nation ces expériences authentiques et dont le résultat est garanti par des milliers de cures, ont été détournés : préfets et ministres se sont tenus sur le terrain du décret du 18 août 1810, sans faire même attention que ce décret impose aux auteurs de découvertes médicales l'obligation de fournir à l'appui de la demande en autorisation des expériences recueillies en faveur de l'invention, et que conséquemment le sieur Labourey ne s'éloignait pas de l'esprit du décret en demandant aux préfets et ministres que ses offres gratuites fussent acceptées et vérifiées, puisque cette demande n'avait pour but que de ménager à ces découvertes des expériences dont l'authenticité en garantit l'intégrité, et afin que, muni de ces expériences, l'inventeur pût les fournir, conformément au vœu de la loi, en sollicitant l'autorisation.

§ VII. La Découverte médicale du sieur Labourey promet à la science et à l'humanité des résultats précieux qu'aucun autre moyen connu ne peut donner.

Des raisonnemens scientifiques seraient déplacés ici ; le sieur Labourey ne présente que les faits qu'il a recueillis depuis plus de vingt-cinq ans dans les nombreuses applications de ses découvertes. Or ces faits se réduisent au précis suivant, et ce résumé est le tableau exact des propriétés de cette nouvelle médecine :

1° Cette méthode curative donne un moyen facile, sous tous les rapports, de guérir en peu de temps, sans douleur ni danger, ni convalescence, et sans qu'elles dégénèrent en affections chroniques, toutes les *maladies récentes* (celles qui se déclarent actuellement, on peut y comprendre la plupart de celles qui n'existent que depuis un mois environ), n'importe leur nom, leur nature ou leur espèce, toutes n'étant au fond qu'un déchet du principe vital au profit des lois de la nature universelle.

2° Plus des trois quarts des *maladies chroniques* (celles qui existent depuis un ou plusieurs mois, une ou plusieurs années) se guérissent avec une promptitude et une facilité ravissantes.

3° Les maladies anciennes, invétérées, rebelles, incurables, héréditaires, celles qui résistent à tous les procédés curatifs connus, qui déconcertent les plus habiles praticiens et qui peuplent la société d'une foule d'êtres que les infirmités placent dans un état de nullité et de souffrance dont la tombe est le seul terme, cèdent à un traitement suivi avec persévérance. Les seules exceptées sont celles qui exigeraient un pouvoir plus qu'humain, comme lors-qu'il s'agit de remplacer un viscère, une membrane ou tout autre organe déjà détruit ; et encore dans le cas impérieux d'un désordre complet dont la conséquence rapide ne peut être que la dissolution totale du corps.

4°. Enfin, ce système médical fournit un traitement préventif propre à prévenir toutes les affections profondes et meurtrières, et en général tous les accidens graves, même ceux qui pourraient plus tard nécessiter l'intervention du chirurgien : par exemple, la pierre, la cataracte, les suites de grossesse et des couches, la transmission des affections héréditaires, les suites fâcheuses des chutes, des blessures, des opérations chirurgicales, la gangrène, les maladies pestilentielles, contagieuses, épidémiques, etc., etc.

Tels sont les faits que le sieur Labourey obtient depuis plus de vingt-cinq ans, et sur lesquels il appelle l'attention de la chambre. En les soumettant à la sagesse de ses vues, il ne demande pas qu'on le croie, mais qu'on les vérifie par de nouvelles expériences. Il désire avant tout que cette expérience, ou essai, s'effectue par ses propres soins en présence de commissaires spéciaux et désintéressés qui, libres de tout esprit de rivalité, ne soient pas dans le cas de vouloir abuser par passion de l'autorité constitutionnelle qu'une loi réglementaire, conséquence naturelle de la charte, leur confierait dans l'intérêt de la nation. Certes est-il objet plus important et par conséquent plus digne de déterminer l'intervention du pouvoir législatif.? Il s'agit de vérifier un doute qui intéresse au plus haut degré la vie et la santé des citoyens. Quels motifs pourraient écarter une proposition de ce genre ? Serions-nous encore dans le siècle où les Galilée étaient emprisonnés pour mettre au jour des découvertes empreintes d'un caractère à les rendre incroyables ? Le sieur Labourey ne demande qu'une chose : c'est que la nation, au lieu de se livrer aveuglément à la décision d'une caste privilégiée, dont les intérêts sont contraires aux siens, consente à y voir par elle-même, et qu'elle décide ensuite selon la conviction que lui auront inspirée les résultats matériels d'une expérience authentique.

Résumé et Conclusions.

§ Ier. — Des découvertes médicales très - utiles sont possibles.

Le décret de 1810 reconnaît avant tout l'utilité et la possibilité des découvertes médicales. — L'immense quantité de malades qui existent presque dans toutes les familles et qu'on ne peut plus guérir, établit démonstrativement cette vérité. La médecine n'aurait-elle donc pas plus de puissance pour atteindre son but que ce qu'elle en a, si elle possédait actuellement toutes les connaissances que cette science comporte ? — L'esprit humain a-t-il trouvé le terme de sa fécondité et de sa richesse ? La puissance des découvertes physiologiques, thérapeutiques, la possibilité des combinaisons chimiques, sont-elles épuisées ?

§ II. — La loi doit encourager les recherches d'où peuvent naître des découvertes médicales ; elle doit favoriser cette industrie, à l'effet d'augmenter les ressources du pays ; c'est-à-dire, pour la pratique, que la loi doit *soumettre les découvertes à un examen conforme à la nature de l'objet et qui ne soit pas livré à des contestations injustes.* — En second lieu, *l'exploitation publique des découvertes légalement reconnues utiles, doit être fixée par des réglemens favorables à l'inventeur, et qui concilient ses droits avec les justes exigences de l'ordre public.* — Enfin, *la loi doit faire en sorte que les bonnes découvertes profitent à la société.*

§ III. — 1° *Les lois en vigueur soumettent les découvertes médicales à un prétendu examen qui, en réalité, est tout-à-fait contraire à la nature de l'objet.* — Les propriétés d'une découverte médicale ne peuvent être reconnues que par le résultat actuel de l'expérience. En confiant cette expérience aux soins exclusifs des médecins, le décret consacre le despotisme et l'arbitraire, ou bien il suppose faussement que les médecins ont des connaissances spéciales propres à apprécier l'invention. Que cette expérience soit collective, constitutionnelle, nationale, c'est-à-dire, faite en présence de commissaires spéciaux, pris indifféremment dans toutes les classes de la société, et alors toutes les exigences de la science et de la charte seront satisfaites. — 2° *De plus, cet examen est abandonné sans nécessité à une autorité exceptionnelle, absolue, intéressée à frauder ses attributions et qui a déjà contre sa moralité et sa justice des faits irrécusables, dont le témoignage prouve qu'en effet elle a exercé arbitrairement ses pouvoirs.* — La non-nécessité est évidente, puisque l'expérience, c'est-à-dire l'examen, peut très-bien se faire, même sans l'intervention de cette autorité. — Cette autorité est exceptionnelle dans tous ses caractères ; elle est absolue, puisqu'aucun pouvoir ne contre-balance sa juridiction ; elle est intéressée à frauder ses attributions toutes les fois qu'il s'agit d'approuver un remède dont les propriétés bienfaisantes diminueraient l'ascendant des médecins ; enfin cette autorité a exercé arbitrairement ses pouvoirs, ce qui est démontré par l'approbation privilégiée que l'Académie royale de Médecine a accordée à plusieurs remèdes dont le secret et la composition n'ont pas été publiés, quoique le décret de 1810, duquel l'Académie tient ses pouvoirs, prescrive expressément cette publication. — 3° En outre, le mode d'après lequel les découvertes médicales légalement reconnues utiles sont exploitées, ne favorise nullement l'inventeur et n'est point avantageux à la société. L'inventeur ne reçoit qu'une légère indemnité qu'on lui jette comme par grace en le dépouillant de la propriété de sa découverte. — Si la composition est ensuite falsifiée, la falsification rétombe sur l'inventeur, qui, au lieu de jouir de la gloire méritée par une découverte utile, n'est regardé que comme un imposteur et un charlatan. — Enfin, quel avantage revient-il à la société d'une découverte médicale contrôlée selon les prescriptions du décret de 1810 ? Elle est confinée dans les pharmacies, et ne peut en sortir que sur l'ordonnance d'un médecin, ordonnance que le docteur ne donnera pas facilement, car son intérêt est que les maladies durent long-temps. D'ailleurs, cette découverte qui a coûté à la société, puisque le trésor de l'état l'a achetée, est abandonnée à des tiers qui ne la connaissant que par transmission, sont par conséquent exposés à la falsifier ; mais, s'ils la falsifient, soit par erreur, soit par passion, qui arrêtera cet état de choses ? En un mot, quels avantages la société retire-t-elle, dans l'état de la législation, des découvertes médicales qu'un décret de l'empire la force pourtant d'acheter ?

§ IV. — Le décret du 18 août 1810 veut qu'un inventeur, en demandant l'autorisation, se dépouille du secret de sa composition ; mais il ne lui donne aucune garantie qui lui réponde de l'inviolabilité de son secret.

§ V. — Le silence de MM. les Docteurs aux écrits du sieur Labourey ne prouve-t-il absolument rien en faveur de son système et de ses découvertes ? — Cependant leur critique n'est jamais en défaut, lorsqu'on ose s'écarter de l'ornière classique.

§ VI. — Attendu que le décret du 18 août 1810, concernant les remèdes secrets, constituant irrégulièrement à lui seul toute la législation des découvertes médicales, adopte des mesures contraires à la nature de l'objet qu'il entreprend de régler ; que ces mesures sont opposées à la constitution de l'état, nuisibles au pays et contradictoires entre elles ; — attendu que par son irrégularité et son despotisme ce décret inspire des méfiances qui paralysent l'industrie ; que de plus, dans toutes ses dispositions, ce décret est évidemment nuisible à la société ; — attendu, enfin, que le despotisme de principe que ce decret consacre, en livrant sans nécessité l'application de cette législation à la discrétion d'un pouvoir absolu et exceptionnel, a eu son effet dans la pratique, puisqu'on a vu cette autorité interpréter ce décret et en dévier formellement,

Le sieur Labourey, Chimiste, auteur et propriétaire d'une découverte médicale, que plus de vingt-cinq ans d'expériences heureuses recommandent, demande, en substitution du décret du 18 août 1810, une loi constitutionnelle qui remplisse l'objet de sa promulgation et qui soit en harmonie avec la charte, c'est-à-dire, qui satisfasse aux justes exigences de la science, de l'humanité et de la constitution de l'état.

Projet de Loi

PRÉSENTÉ PAR LE SIEUR LABOUREY A L'APPUI DE SA DEMANDE,
A L'EFFET D'EN FAIRE RESSORTIR LA JUSTICE.

Titre Premier.
Du débit des remèdes dont la vente n'a pas été autorisée.

Art. Iᵉʳ. Le débit d'un remède non approuvé est défendu. Ne sont pas compris dans cette catégorie les hommes d'études qui, dans les limites de la science, rechercheraient par des expériences à découvrir des propriétés ou des compositions utiles.

Titre Second.
Conditions de l'Autorisation.

SECTION PREMIÈRE.
Dispositions préparatoires à la charge des Propriétaires de remèdes nouveaux et du Ministre de l'Intérieur.

Art. 2. Tout propriétaire d'un remède nouveau qui voudra qu'il en soit fait usage, adressera au Ministre de l'intérieur un mémoire contenant : 1° une notice sur les propriétés du remède et sur les maladies auxquelles on peut l'appliquer ; 2° une note des expériences déjà recueillies.

Art. 3. Le Ministre est tenu de traiter avec le demandeur, à l'effet d'arrêter les mesures nécessaires pour vérifier par un essai authentique les propriétés de la découverte. Ce traité fixera, avant tout, le lieu où se fera l'essai, le jour et l'heure où les expériences auront lieu, le nombre de malades auxquels on appliquera le remède, etc.

Art. 4. L'essai doit commencer dans le trimestre de la première présentation du mémoire ; il durera un mois au moins et quatre mois au plus ; il se fera dans l'hospice le plus proche de la résidence de l'inventeur, ou bien, au choix de ce dernier, dans tout autre grande ville du royaume capable de donner plus de poids, d'importance et d'authenticité aux expériences. On n'opérera que sur des malades qui consentiront à essayer le traitement. Le nombre des malades administrés sera analogue aux propriétés du remède ; il ne pourra être moins de douze, ni plus de cinquante.

Art. 5. Le Ministre est en outre obligé de pourvoir à la délégation d'un jury civil, chargé de surveiller les expériences du remède. Ce jury sera composé de sept membres, tous habitant la ville où se fait l'essai ; ces jurés doivent être pris indistinctement dans tous les rangs de la société, d'après les listes électorales que l'on suit pour les assises.

Art. 6. Le Ministre veille aussi à ce que la faculté de médecine, du ressort de l'académie dont dépend l'hospice désigné, délègue une commission composée de trois membres, tous habitant la ville où l'essai a lieu. Le but de cette commission est d'assister le jury, non pour influencer son opinion, mais seulement pour constituer une opposition qui assure le résultat de l'essai.

Art. 7. Le jury et la commission médicale sont d'abord convoqués par le Ministre de l'intérieur aux termes de son traité avec le propriétaire de la découverte ; dans le cours de l'essai ils s'entendront avec celui-ci. Du reste, les fonctions du jury consistent, quant aux séances, en une visite faite périodiquement tous les huit jours, et à la rédaction du procès verbal de chaque visite ou séance.

SECTION SECONDE.
De l'application du remède et des verbaux du Jury.

Art. 8. L'état des malades qui consentiront à prendre le remède sera constaté dans les procès verbaux du jury, de façon à faire connaître la position des malades avant comme après leur administration.

Art. 9. Le propriétaire de la découverte prendra toutes les mesures qu'il jugera convenables pour rendre évident le mérite de ses remèdes, et aussi pour préserver les malades par lui administrés d'un empoisonnement furtif; l'autorité lui donnera à cet effet toute assistance.

Art. 10. Le jury consignera dans un registre toutes les rédactions relatives à l'essai et nécessaires pour en constater l'existence, les effets, etc., comme, par exemple, les observations de la commission médicale et de l'inventeur. Chaque rédaction devra être revêtue de la signature des sept jurés, des trois membres de la commission médicale et de l'inventeur.

Art. 11. Le jury tiendra son registre à la disposition du Ministre de l'intérieur, qui le gardera à la fin des opérations. Dans les départemens ce registre sera déposé à la préfecture, pour que le préfet les fasse parvenir aux bureaux du ministère. Une copie authentique de ce registre sera délivrée à l'inventeur; elle lui servira de titre légal, au moyen duquel il pourra au besoin faire valoir ses droits.

Art. 12. L'essai terminé dans le déiai fixé par l'article 4, lorsque le jury aura matériellement reconnu, par ses effets, les propriétés du remède, et lorsque la commission médicale déclarera n'y avoir plus lieu à opposition, le jury rédigera un verbal de clôture, lequel marquera, d'après les effets qu'aura produits le remède durant le cours des expériences, 1° les avantages qu'on peut espérer de la découverte pour le bien de l'humanité; 2° les conditions montrées nécessaires par l'expérience qui vient d'être faite, pour que dans la pratique ce remède ne soit nullement dangereux; 3°, d'après les propriétés reconnues par cette expérience, quels sont les moyens les plus capables de concilier, dans tous les cas, les droits de l'inventeur, les exigences de l'ordre public et les intérêts de la société.

Titre Troisième.

De l'autorisation des remèdes reconnus utiles.

Art. 13. Le Ministre de l'Intérieur fait un traité avec le propriétaire du remède nouveau reconnu utile par le jury à cet effet délégué, aux termes de la présente loi. Ce traité doit porter sur les bases générales fixées par l'article 12.

Art. 14. Toutes les fois qu'un remède sera reconnu utile et à l'abri de tout inconvénient, l'inventeur sera chargé, dans l'intérêt de la société, de faire valoir lui-même la découverte, pour prévenir la falsification et rendre cette invention durable.

Art. 15. Dans le cas prévu par l'article 14, la récompense de l'inventeur ne sera pas à la charge de l'État; il la trouvera dans un brevet d'invention et un privilége exclusif de dix à quinze ans.

Titre Quatrième.

Dispositions générales.

Art. 16. Tous les frais que pourrait causer au Gouvernement l'essai d'un remède nouveau sont, sans exception, à la charge de l'inventeur.

Art. 17. Dans tous les cas l'inventeur a son recours aux Chambres contre l'Administration, sur tout ce qui ne tient pas formellement à la décision du jury, qui elle-même n'est valable qu'en ce qui porte sur les faits fournis par l'expérience.

Art. 18. Les dispositions contraires à la présente loi restent et demeurent abrogées par elle.

Titre Cinquième.

Dispositions pénales.

Art. 19. Les procureurs près les tribunaux et cours de justice, les officiers de police sont chargés de poursuivre les contrevenans par-devant qui de droit, et de faire prononcer contre eux les peines portées par les lois et réglemens.

Pour plus de renseignemens voir ci-joint le Mémoire présenté au Gouvernement en 1836.

MARSEILLE, TYPOGRAPHIE DE FEISSAT AINÉ ET DEMONCHY.
Imprimeurs de la Préfecture, rue Canebière, n. 19.

www.ingramcontent.com/pod-product-compliance
Lightning Source LLC
Chambersburg PA
CBHW071345290326
41933CB00040B/2375